Réunion à Québec

Marie Turcotte
Rédactrice en chef

gage EDUCATIONAL PUBLISHING COMPANY
A DIVISION OF CANADA PUBLISHING CORPORATION
Vancouver · Calgary · Toronto · London · Halifax

**National Library of Canada Cataloguing in
Publication Data**

Main entry under title:
    Réunion à Québec

(Tout ados 1)
ISBN 0-7715-3738-7

1. French language – Textbooks for second language learners -
English speakers. I. Turcotte, Marie. II. Series

PC2129.E5R545 2001   448.2'421   C2001-930095-6

ISBN 0-7715-**3738-7**
2 3 4 5 MP 05 04 03 02 01
Écrit, imprimé et relié au Canada

Chargée de projet : Laura Jones
Équipe de la rédaction : Chris Anderson, Art Coulbeck,
Jane Grigg, Caroline Kloss, Sandra Manley, Anne Normand,
Claire Piché
**Directrice du marketing et conseillère pédagogique
nationale :** Julie Rutledge
Révision linguistique : Doreen Bédard-Bull
Production : Bev Crann, Carrie Theodor

Direction artistique, conception graphique :
Pronk&Associates
Couverture : Artbase
Illustrations : p. 2,18 David Bathurst; p. 8–9 Cindy Jeftovic;
p. 10-11 Dave Whamond; p. 14-15 Brian Hughs; p. 16-17, 22
Craig Terlson; p. 18-19 Public Archives of Canada
Photographie : p. 1 haut Ivy Images, bas James P. Rowan; p. 2
haut Omni Photo, centre Magma Photo News, bas Valcartier
Village; p. 6-7 Ray Boudreau; p. 12 Magma Photo News; p. 13 à
gauche Magma Photo News, à droite Ivy Images; p. 17 Ray
Boudreau; p. 20 haut Ray Boudreau, bas James P. Rowan; p. 21
haut Ivy Images, bas James P. Rowan; p. 23 Artbase; p. 24 Ray
Boudreau; p. 25 à gauche Ray Boudreau, à droite Artbase

Production sonore : Hara Productions
Production vidéo : The Pinnacle Group

Les éditeurs ont tenté de retracer les propriétaires des droits
de tout le matériel dont ils se sont servis. Ils accepteront avec
plaisir toute information qui leur permettra de corriger les
erreurs de références ou d'attribution.

Nous reconnaissons l'aide financière du gouvernement du
Canada par l'entremise du Programme d'aide au
développement de l'industrie de l'édition pour nos activités
d'édition.

Réunion à Québec

Dans cette unité, tu vas créer et présenter l'itinéraire d'un voyage imaginaire et écrire une carte postale.

Tu vas...

- parler des villes canadiennes et des sites touristiques que tu veux visiter;
- créer et présenter des mini-dialogues pour acheter des billets de voyage et pour demander des directions;
- décrire le message d'une carte postale;
- décrire ton itinéraire et ton voyage imaginaire dans une présentation orale.

Tu vas...

- lire des dialogues;
- lire le journal d'un voyageur aux années 1600.

Tu vas...

- créer un itinéraire de ton voyage;
- écrire une carte postale pour décrire un site touristique.

- Est-ce que tu as de la famille ou des amis de famille dans d'autres provinces? Où?

- Quel est le nom moderne de la colonie de Nouvelle-France?

- Qui est l'homme illustré sur cette page?

Stratégies

Quand tu lis...

Regarde :

- le titre!

- les illustrations et les photos!

- les mots connus!

- les mots-amis!

- les lettres majuscules!

- la ponctuation!

Vérifie dans le lexique ou dans un dictionnaire!

Stratégies

Quand tu regardes une vidéo...

Regarde :

- les images!

- les expressions des personnages!

- les actions et les gestes!

Écoute :

- le ton de la voix!

- les mots connus!

- les mots-amis!

Pense à tes expériences personnelles!

Grande réunion de

Salut, tous les Charbonneau!
Je m'appelle Gabriel Charbonneau.
Venez célébrer mon arrivée en Nouvelle-France! Venez danser, chanter et manger avec des centaines de Charbonneau!

la famille Charbonneau

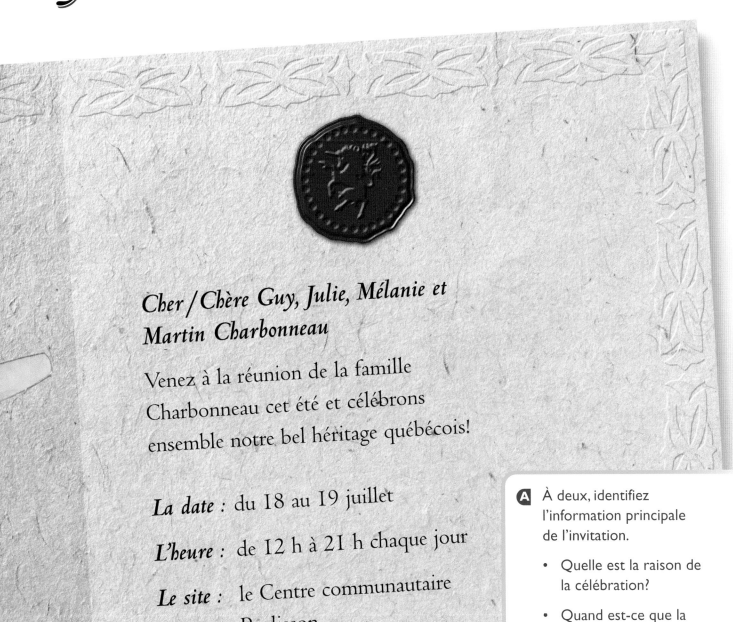

Cher / Chère Guy, Julie, Mélanie et
Martin Charbonneau

Venez à la réunion de la famille
Charbonneau cet été et célébrons
ensemble notre bel héritage québécois!

La date : du 18 au 19 juillet

L'heure : de 12 h à 21 h chaque jour

Le site : le Centre communautaire
Radisson
243, rue Radisson
Québec (QC)

A À deux, identifiez l'information principale de l'invitation.

- Quelle est la raison de la célébration?

- Quand est-ce que la célébration a lieu?

- Où est-ce que la célébration a lieu?

B Regarde la vidéo et fais l'activité de compréhension à la page 6 de ton cahier.

C À deux, dressez une liste de raisons pour lesquelles Mélanie et Martin vont visiter Québec.

DÉCOUVREZ QUÉBEC CET ÉTÉ!

Les Fêtes de la Nouvelle-France
Cet été, découvrez le passé! Visitez la ville de Québec et regardez des pièces de théâtre, écoutez la musique du passé, mangez la nourriture du passé et achetez des souvenirs!

En route !

- Quels sites touristiques est-ce que les touristes aiment visiter dans ta ville ou ta région?

- Quelle ville canadienne veux-tu visiter? Quels sites touristiques de cette ville veux-tu visiter? Pourquoi?

La Citadelle
Découvrez le passé militaire de la ville de Québec. Dans cette vieille forteresse, vous pouvez visiter une ancienne prison militaire et regarder les soldats costumés.

Le Château Frontenac

Le Château Frontenac est un des plus fameux hôtels du monde. Si vous visitez Québec, vous devez aller voir cet hôtel majestueux!

Le Quartier Petit-Champlain

Venez explorer les jolies rues de ce beau petit village et admirer ses belles maisons de pierre. Faites du lèche-vitrines dans les boutiques d'artisanat et de vêtements.

Le Village Vacances Valcartier

Si vous aimez la nature, venez vous amuser au parc d'attractions Village Vacances Valcartier. Faites de l'équitation, du rafting en eaux vives ou de la glissade nautique!

A Écoute Mélanie et Martin discuter de ce qu'ils veulent faire à Québec. Fais l'activité à la page 7 de ton cahier.

B Quel site touristique veux-tu visiter? À deux, choisissez un des sites illustrés et expliquez pourquoi vous voulez le visiter.

Exemple : Je veux visiter le Quartier Petit-Champlain. J'aime faire du lèche-vitrines.

À l'agence de voyages

En route !

▪ Quels moyens de transport existent dans ta ville ou ta région : le train, l'autocar, l'avion?

Mélanie, Martin et leur père vont acheter des billets de voyage à Québec. Regarde la vidéo de la conversation à l'agence de voyages.

Bon. Comment voulez-vous voyager : en avion, en autocar ou en train?

D'accord. Combien coûtent deux billets de train pour Québec?

Quel est votre point de départ?

Nous partons de Kingston.

Quelle est votre date de départ?

Nous partons le 14 juillet.

Et voulez-vous des billets aller-retour ou aller-simple? ...Quel âge avez-vous?

Prix des billets aller-retour

Type de voyageur

Adultes	182 $
Âge d'or (plus de 65 ans)	164 $
Jeunes (13 ans à 18 ans)	110 $
Enfants (5 ans à 12 ans)	92 $
Enfants moins de 5 ans	GRATUIT

A Réponds aux questions suivantes pour calculer le prix des billets pour Mélanie et Martin. Puis, compare tes réponses avec celles d'un ou d'une autre élève.

- Quelles questions est-ce que l'agente pose à Mélanie et à Martin pour déterminer le prix des billets?

- Quel type de voyageur est Mélanie?

- Quel type de voyageur est Martin?

B À deux, créez un mini-dialogue entre un agent ou une agente de voyages et une personne qui veut partir en vacances.

Un horaire de trains

Kingston

aller-simple

aller-retour

- Qu'est-ce qu'un horaire de 24 heures?

- Selon l'horaire de 24 heures, quelle heure est-il maintenant? À quelle heure est-ce que l'école est finie? À quelle heure est-ce que tu prends le dîner? À quelle heure fais-tu tes devoirs?

L'agente : Voyons… un billet aller-retour pour jeunes coûte 110 $, et un billet aller-retour pour enfants coûte 92 $. Voici l'horaire. Je dois mentionner une chose. Il n'y a pas de transport direct pour Québec par train. Vous devez changer de train à Montréal.

Papa : Merci, madame. Mélanie et Martin, venez examiner cet horaire avec moi.

Mélanie : Prenons le train qui part à 2 h 40. Ça me donne assez de temps pour me préparer.

Martin : Es-tu folle? On utilise l'horaire de 24 heures. Ce train part à 2 h 40 pendant la nuit.

Papa : Martin a raison, Mélanie. Si tu veux partir l'après-midi, tu dois prendre le train qui part à 16 h 05.

Mélanie : (*à Martin*) Si tu continues à m'énerver comme ça, je pars seule!

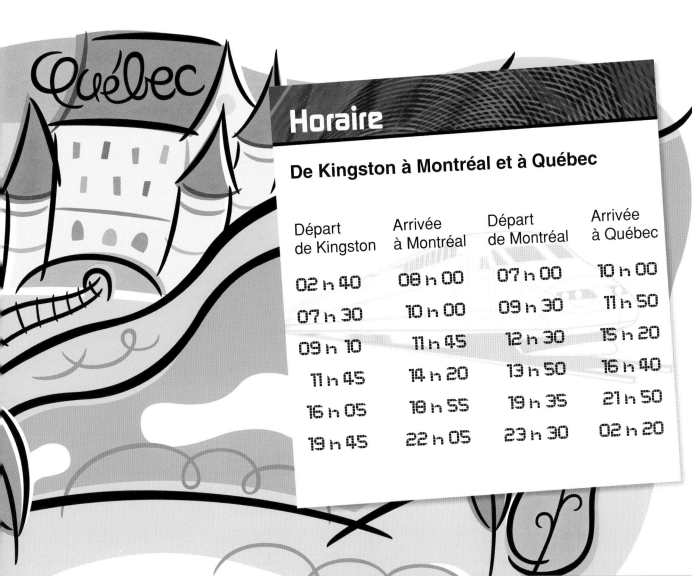

Horaire

De Kingston à Montréal et à Québec

Départ de Kingston	Arrivée à Montréal	Départ de Montréal	Arrivée à Québec
02 h 40	08 h 00	07 h 00	10 h 00
07 h 30	10 h 00	09 h 30	11 h 50
09 h 10	11 h 45	12 h 30	15 h 20
11 h 45	14 h 20	13 h 50	16 h 40
16 h 05	18 h 55	19 h 35	21 h 50
19 h 45	22 h 05	23 h 30	02 h 20

Martin : Ça m'est égal!

Papa : Assez! Examinez l'horaire. Il faut décider. Je veux acheter les billets aujourd'hui.

Martin : Ce train part de Kingston à 9 h 10 et il arrive à Montréal à 11 h 45. Puis, il part de Montréal à 12 h 30 et arrive à Québec à 15 h 20. Quinze heures vingt, c'est trois heures vingt de l'après-midi.

Mélanie : Non, 9 h 10, c'est trop tôt. Je veux prendre le train qui part de Kingston à 11 h 45 et arrive à Québec à 16 h 40.

Papa : Il y a un problème, Mélanie. Regarde l'horaire. Ce train arrive à Montréal à 14 h 20. Mais le train pour Québec part de Montréal à 13 h 50. Il faut choisir un autre train.

Mélanie : Je ne veux pas organiser ce voyage!

A À deux, examinez l'horaire et faites un itinéraire pour Mélanie et Martin. Quels trains vont de Kingston à Montréal et de Montréal à Québec?

B Écoute la conversation de Mélanie, de Martin et de l'agente de voyages. Quel train est-ce que Mélanie et Martin vont prendre? Pour t'aider, prends des notes aux pages 9 et 10 de ton cahier.

C Mélanie et Martin doivent donner les détails de leur itinéraire à leur grand-père. Écris leur message.

9

Étude de la langue

Partir

Lis les phrases suivantes. Peux-tu trouver deux mots de la même famille?

Quel est votre point de départ? Nous partons de Kingston.

> Indice nº 1 : Ces deux mots sont associés aux voyages.
> Indice nº 2 : Un de ces mots est aussi un mot anglais (sans accent).
> Indice nº 3 : Ces deux mots ont les mêmes quatre lettres.

As-tu trouvé la bonne réponse?

Ce sont les mots *départ* et *partons*. Peux-tu trouver l'infinitif de *partons* dans la conversation entre Mélanie, Martin et l'agente aux pages 8 et 9?

Remplace les mots en italiques par la bonne forme de *partir*.

1. Ils *arrivent* à 13 h.

2. Quand est-ce que le train *arrive*?

3. J'*arrive* en voiture.

4. Est-ce que tu *arrives* demain?

5. Nous *arrivons* le 9 juillet.

6. Vous *arrivez* trop tôt, monsieur Charbonneau.

Est-ce que vos enfants vont à Québec ou au Québec?
Quelle est la différence entre *à Québec* et *au Québec*?

ATTENTION! Pour plus d'informations, va à la page 26.

Au boulot!

Maintenant, tu vas commencer à préparer ta tâche finale. Tu vas organiser un voyage imaginaire.

Tu dois préparer un itinéraire. En voici les étapes :

Choisis une destination, une ville ou un village. (Pour choisir ta destination, tu dois considérer cette question : Quels sites touristiques préfères-tu visiter?)

Prépare l'itinéraire de ton voyage. Utilise le tableau à la page 14 de ton cahier pour organiser les informations suivantes :

- Comment vas-tu arriver à ta destination? Est-ce que tu vas partir en avion, en autocar ou en train?

- Est-ce que tu veux un billet aller-retour ou aller-simple?

- Quelle est la date de ton départ? De ton retour?

- À quelle heure est-ce que tu pars? À quelle heure est-ce que tu arrives à ta destination?

Les Fêtes de la

En route !

- Qui est-ce que Mélanie et Martin vont visiter à Québec?

- Pourquoi est-ce que Mélanie et Martin vont visiter Québec?

- Quels sites touristiques est-ce qu'ils veulent visiter?

Mélanie, Martin et leur grand-père explorent le Vieux-Québec pendant les Fêtes de la Nouvelle-France. Des gens se costument en habitants de la Nouvelle-France. Tout le monde chante et danse. Grand-père, Mélanie et Martin écoutent des musiciens qui jouent de la musique traditionnelle avec des cuillères.

Martin : Voici des musiciens. Ils ont des instruments bizarres. Un homme joue des cuillères. Étrange!

Pépère : Comme c'est joli! Je connais cette vieille chanson.

(La chanson est finie. Les jeunes ne peuvent pas trouver leur grand-père. Il n'est plus là.)

Martin : Où est pépère?

Mélanie : Je ne sais pas. Il doit être ici!

Martin : Pépère! Pépère!

Mélanie : Martin! Ne crie pas! C'est embarrassant.

Martin : Nous sommes perdus!

Mélanie : Ne panique pas! Nous allons regarder la pièce de théâtre sur la vie de Gabriel Charbonneau, n'est-ce pas? Pépère a dit que le théâtre est à la Place de Paris. Nous devons aller à la Place de Paris et attendre pépère là.

Nouvelle-France

Martin : Bonne idée. Mais où est la Place de Paris?

Mélanie : Nous devons demander à quelqu'un. Va demander à ce monsieur, Martin.

Martin : Moi! Ah non! Je ne peux pas!

Mélanie : Tu es trop timide, toi. Pardon, monsieur. Pouvez-vous me dire comment aller à la Place de Paris?

L'homme : Avec plaisir, mademoiselle! Nous sommes à la rue Saint-Pierre. Continuez tout droit. Vous allez arriver au coin des rues Saint-Pierre et du Porche. Tournez à gauche. À la rue Thibaudeau, tournez à droite et continuez tout droit. Descendez l'escalier et vous êtes là.

Mélanie : Pardon? Je ne comprends pas, monsieur. Mon frère et moi, nous ne parlons pas très bien le français. Pouvez-vous répéter, s'il vous plaît?

Martin : Et lentement, monsieur, s'il vous plaît!

A À deux, regardez ce plan du Vieux-Québec. Trouvez la route que Mélanie et Martin doivent prendre pour aller à la Place de Paris. Pour vous aider, relisez les directions du monsieur.

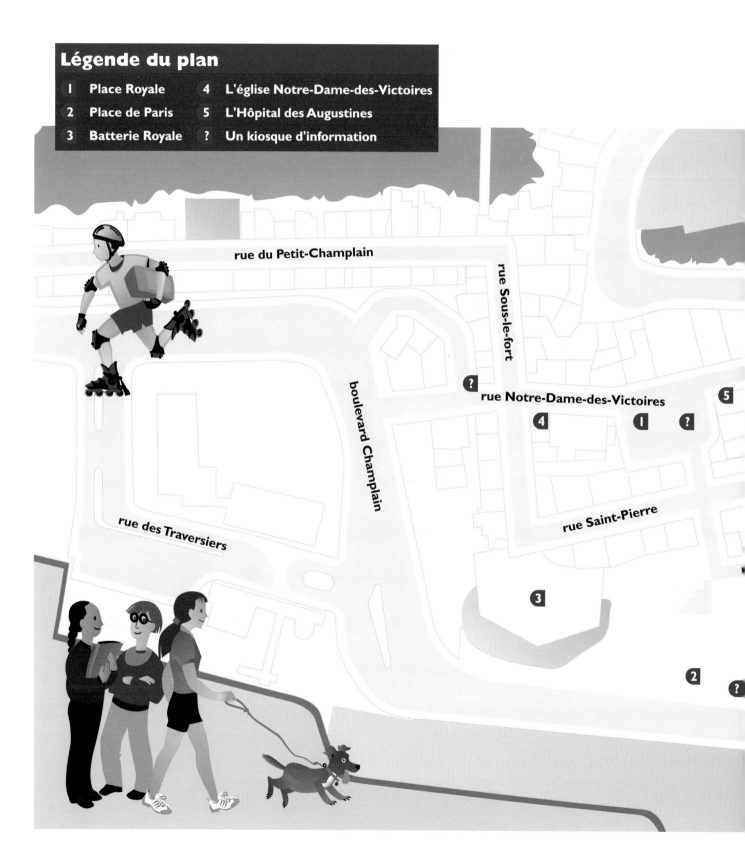

Légende du plan

1	Place Royale	4	L'église Notre-Dame-des-Victoires
2	Place de Paris	5	L'Hôpital des Augustines
3	Batterie Royale	?	Un kiosque d'information

rue du Petit-Champlain

rue Sous-le-fort

rue Notre-Dame-des-Victoires

boulevard Champlain

rue des Traversiers

rue Saint-Pierre

B À deux, jouez les rôles d'un ou d'une touriste qui demande des directions à un habitant ou à une habitante. Voici deux situations. Chaque élève va jouer le rôle du ou de la touriste dans une des situations.

- Trouve la Batterie Royale sur le plan. Tu es là. Tu dois demander comment aller à l'Hôpital des Augustines.

- Trouve l'église Notre-Dame-des-Victoires. Tu es là. Tu dois demander comment aller à la rue Côte de la Montagne.

Stratégies

Voici des expressions utiles.

- Pardon, monsieur/madame…
- Pouvez-vous me dire comment aller…
- S'il vous plaît.
- Merci!
- De rien.
- Tournez à droite/à gauche.
- Continuez tout droit.
- Vous arrivez au coin…
- À la première/la deuxième rue…

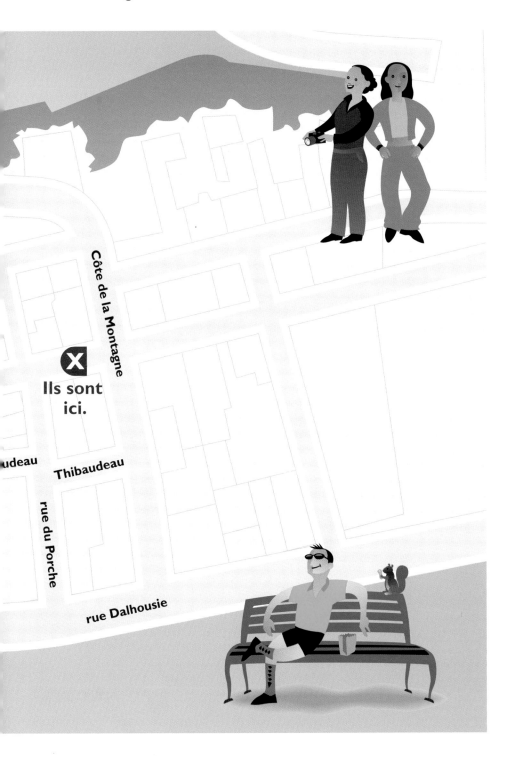

Côte de la Montagne

X

Ils sont ici.

udeau

Thibaudeau

rue du Porche

rue Dalhousie

Étude de la langue

Pouvoir + un infinitif

Pouvez-vous répéter?

Les jeunes ne peuvent pas trouver leur grand-père.

- Quels verbes représentent la possibilité ou la capacité?
- Où est-ce qu'on place *ne… pas* avec ce verbe?
- Regarde le deuxième verbe dans chaque phrase. C'est quelle forme du verbe?

À deux, répondez aux questions suivantes. Pense à ces deux questions :

- Est-ce que les situations suivantes sont possibles?
- Est-ce que les personnes sont capables de faire ces actions?

1. Est-ce que tu peux voyager sur la Lune? Oui/Non, je…
2. Est-ce que tu peux voyager sous la mer? Oui/Non, je…
3. Est-ce que ton petit frère peut manger des insectes? Oui/Non, il…
4. Est-ce que ton amie peut voler comme un oiseau? Oui/Non, elle…

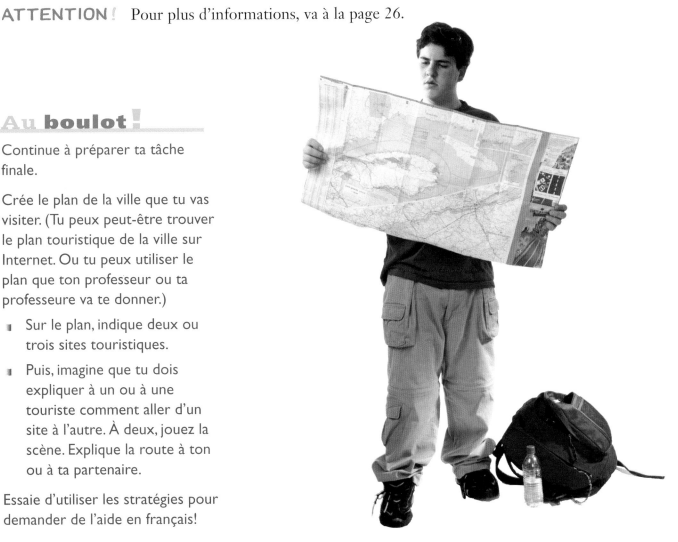

5. Est-ce que toi et ta famille pouvez danser comme des pingouins? Oui/Non, nous…

6. Est-ce que toi et tes amis pouvez chanter comme Céline Dion? Oui/Non, nous…

7. Est-ce que les garçons de ton école peuvent manger 500 hamburgers par jour? Oui/Non, ils…

8. Est-ce que les filles de ton école peuvent nager dans le beurre d'arachides? Oui/Non, elles…

ATTENTION ! Pour plus d'informations, va à la page 26.

Stratégies

Quand tu veux demander de l'aide en français, tu dis…

- Je ne parle pas très bien le français.
- Je ne comprends pas bien le français.

Quand tu ne comprends pas un mot, tu dis…

- Je ne comprends pas.
- Qu'est-ce que le mot « église » veut dire?

Quand la personne parle trop vite, tu dis…

- Pouvez-vous parler plus lentement, s'il vous plaît?
- Pouvez-vous répéter, s'il vous plaît?

Au boulot !

Continue à préparer ta tâche finale.

Crée le plan de la ville que tu vas visiter. (Tu peux peut-être trouver le plan touristique de la ville sur Internet. Ou tu peux utiliser le plan que ton professeur ou ta professeure va te donner.)

- Sur le plan, indique deux ou trois sites touristiques.

- Puis, imagine que tu dois expliquer à un ou à une touriste comment aller d'un site à l'autre. À deux, jouez la scène. Explique la route à ton ou à ta partenaire.

Essaie d'utiliser les stratégies pour demander de l'aide en français!

La vie d'un voyageur

Mélanie et Martin retrouvent leur grand-père à la Place de Paris. Ensemble, ils regardent une petite pièce de théâtre. C'est un homme en costume de voyageur qui parle. Voici sa présentation.

> Bonjour! Je m'appelle Gabriel Charbonneau, un des premiers voyageurs en Nouvelle-France. Aujourd'hui, je vais vous raconter quelques histoires de ma vie comme voyageur.

Le 15 mai

Je dois faire mes préparatifs pour mon premier voyage. Jacques, Pierre et moi allons acheter toutes sortes d'articles à échanger avec les Amérindiens contre des fourrures.

Le 22 mai

L'eau de la rivière est toujours très froide! Voyager en canot, c'est dur. Nous devons voyager dans le canot vingt heures sur vingt-quatre. C'est fatigant! Mais Jacques et Pierre chantent toujours. Et la nourriture! Chaque jour, c'est la même chose – du pemmican! Pouah! Je déteste le pemmican.

Le 27 mai

Demain, nous allons arriver au poste de traite. Là, nous allons rencontrer les Amérindiens, qui veulent échanger leurs fourrures contre nos articles. Jacques peut parler leur langue un peu, mais moi, je suis heureux d'avoir un bon dictionnaire français-huron.

Le 28 mai

Enfin! Nous sommes au poste. Ce soir, les Hurons vont faire une grande fête. Pierre me dit que les Amérindiens célèbrent l'arrivée des voyageurs. Les Hurons vont danser et chanter pour nous. Nous échangeons de petits cadeaux. J'espère que les enfants vont aimer leurs cadeaux de jouets!

Le 5 juin

Nous avons 120 fourrures de castor de bonne qualité. Je vais gagner beaucoup d'argent à notre retour à Québec. Jacques, Pierre et moi, nous sommes très contents!

Nous allons dire au revoir à nos amis les Hurons. Maintenant, nous devons voyager au prochain poste de traite. Trois semaines en canot...

Un gros bonjour!

En route!

- Quand est-ce que tu écris une carte postale?

- À qui est-ce que tu écris une carte postale?

À la réunion de famille, Mélanie et Martin rencontrent beaucoup de membres de la famille Charbonneau. Voici des cartes postales écrites par quelques jeunes Charbonneau.

C'est une photo du Vieux-Québec. Ginette aime les vieux édifices. Claire et Ginette vont faire du lèche-vitrines en ville. Ginette va acheter beaucoup de nouveaux vêtements.

1.

Le 18 juillet

Chère Dominique,
Cette ville est jolie! C'est une photo de la Place Royale. Il y a beaucoup de beaux et vieux édifices ici. Demain, Claire et moi allons faire du lèche-vitrines. Moi, je vais acheter beaucoup de nouveaux vêtements.

Amitiés,
Ginette

Dominique Brassard
34, ave Chartier
Trois-Rivières (QC)
G8Y 4A6

2.

Le 18 juillet

Cher Vincent,
Je m'amuse beaucoup à la réunion. Claudine et moi allons visiter les chutes Montmorency. Ces chutes sont très hautes—plus hautes que les chutes du Niagara. Moi, je veux monter sur le téléférique pour voir les chutes de plus près. Mais Claudine a peur!

À bientôt,
Marcel

Vincent Charbonneau
387, rue de Lasalle
Tyler (Man.) R2T 1S8

3.

Le 18 juillet

Allô maman! Allô papa!
Voici une photo des Fêtes de la
Nouvelle-France. Ces gens se
costument en habitants des années
1600. Les costumes sont jolis, n'est-
ce pas? James et Yves vont aux
Fêtes demain. Ils vont voir une
petite pièce de théâtre sur la vie de
Gabriel Charbonneau.

Gros bisous,
Caitlin

M. et Mme Gallant
74, rue Cormier
Tracadie (N.-B.)
E1X 5Q8

Le 18 juillet

Cher Max,
Aimez-vous cette belle photo du tigre?
Moi, j'aime les zoos! Alain et moi allons
visiter le zoo demain. L'été prochain, Alain
et toi devez visiter le Biodôme à Montréal.

À bientôt,
Marc

Max McDonald
754, rue Darlington
Toronto (Ont.) M4C 4X3

4.

A Quels sont les éléments
d'une carte postale? Fais
l'activité aux pages 20 et
21 de ton cahier.

B Imagine que tu reçois une
de ces cartes postales
(2, 3 ou 4). Décris le
message de la carte à un
ou à une partenaire.

Étude de la langue

Les sujets composés

Claudine et moi **allons** visiter les chutes Montmorency.

James et Yves **vont** aux Fêtes demain.

Alain et toi **devez** visiter le Biodôme.

▪ Identifie le verbe dans chaque phrase.

▪ Quel sujet est normalement associé à cette forme du verbe?

▪ Alors, *une personne et moi* prend quelle forme de verbe? *Une personne et toi?* Deux personnes?

Je vais à la plage.

A. À deux, complétez chaque phrase de la colonne A avec la bonne fin de la colonne B.

A	B
1. Tu	allez à Montréal.
2. Jamie et moi	vais partir ce soir.
3. Je	arrives à 15 h.
4. Ginette et David	partent en vacances aujourd'hui.
5. Marc et toi	voyageons en avion.

Robert et moi allons à la plage.

B. **À deux, complétez** oralement les phrases suivantes. Donnez la bonne forme du verbe entre parenthèses.

1. Mon ami et moi, nous (arriver) à la réunion.
2. Pierre et moi, nous (partir) aujourd'hui.
3. Ma tante et moi (visiter) le musée.
4. Ton ami et moi (magasiner) au centre commercial.
5. Ma cousine et moi (aller) au parc d'attractions.

Au boulot !

Voici la troisième partie de ta tâche finale. Dans la première partie de ta tâche finale, tu as choisi une ville à visiter. Imagine que tu visites cette ville avec ta famille. Écris une carte postale à un ami ou à une amie. En voici les étapes :

- Donne le nom du site touristique.
- Explique que toi et ta famille allez visiter ce site demain.
- Utilise des adjectifs pour décrire le site (par exemple : beau, joli, petit, grand, intéressant).

Mon voyage imaginaire

Version
orale

Maintenant tu vas présenter une description de ton voyage à la classe. Pour t'aider, regarde les stratégies de présentation à la page 28. Quelles aides visuelles peux-tu utiliser dans ta présentation?

Aides visuelles :

- l'itinéraire de ton voyage;
- une affiche de la ville que tu vas visiter;
- des dépliants touristiques;
- une carte de la ville que tu vas visiter;
- ta carte postale.

LE VOYAGE DE KEVIN

Écoute Kevin présenter
son voyage imaginaire.

Explorez les forêts
de la Colombie-
Britannique!!!

VANCOUVER

Étude de la langue

Partir

Le verbe *partir* veut dire quitter un endroit.

Exemple : Je **pars** de Montréal le 10 mai.

je pars	nous partons
tu pars	vous partez
il part	ils partent
elle part	elles partent

À la forme négative : Il **ne part pas** demain.

Pouvoir

Le verbe *pouvoir* exprime la possibilité ou la capacité. *Pouvoir* est toujours suivi d'un verbe à l'infinitif.

Exemple : Je **peux demander** de l'aide à ce monsieur.

Il **peut parler** français.

je peux	nous pouvons
tu peux	vous pouvez
il peut	ils peuvent
elle peut	elles peuvent

À la forme négative : Nous **ne pouvons pas trouver** notre ami.

Les sujets composés

Les sujets composés sont deux noms reliés par le mot *et*. Le verbe qui suit un sujet composé est toujours au pluriel et doit s'accorder avec les deux sujets.

Exemples : Mon grand-père et moi **visitons** la ville de Québec.

Ginette et toi **faites** du lèche-vitrines.

Pierre et Richard **visitent** la Citadelle.

Mon grand-père et moi **allons** visiter la ville de Québec.

Ginette et toi **allez** faire du lèche-vitrines.

Pierre et Richard **vont** visiter la Citadelle**.**

Les stratégies

Quand tu regardes une vidéo…

Regarde :
- les images!
- les expressions des personnages!
- les actions et les gestes!

Écoute :
- le ton de la voix!
- les mots connus!
- les mots-amis!

Pense à tes expériences personnelles!

Quand tu lis…

Regarde :
- le titre!
- les illustrations et les photos!
- les mots connus!
- les mots-amis!
- les lettres majuscules!
- la ponctuation!

Vérifie dans le lexique ou dans un dictionnaire!

Quand tu écoutes…

Fais attention :
- au ton de la voix!
- aux mots connus!
- aux mots-amis!

Pense à tes expériences personnelles!

Quand tu veux demander de l'aide en français, tu dis…

- Je ne parle pas très bien le français.
- Je ne comprends pas bien le français.

Quand tu ne comprends pas un mot, tu dis…

- Je ne comprends pas. Qu'est-ce que le mot « église » veut dire?

Quand la personne parle trop vite, tu dis…

- Pouvez-vous parler plus lentement, s'il vous plaît?
- Pouvez-vous répéter, s'il vous plaît?

Quand tu planifies un travail, n'oublie pas…

- de préparer un plan!
- d'organiser tes idées!
- de choisir le vocabulaire approprié!
- de déterminer si les noms sont masculins ou féminins!
- de changer des parties de ton plan si c'est nécessaire!
- de vérifier dans le lexique ou dans un dictionnaire!

Quand tu écris une carte postale, n'oublie pas…

- le nom et l'adresse du ou de la destinataire!
- la date!
- l'appel!
- le message!
- la salutation et ton nom!

Les stratégies

Quand tu fais une présentation...

Regarde tes camarades de classe!

Parle :

- fort!
- clairement!
- de façon expressive!

Change le ton de ta voix!

Ne parle pas trop vite!

Ajoute des actions et des gestes!

Utilise des aides visuelles!

Quand tu participes à une activité de groupe...

Parle :

- français!
- à voix basse!

Suis les directives de ton prof!

Écoute les idées de tes copains!

Aide et encourage tes copains!

Concentre sur la tâche!

Finis ton travail à temps!

Lexique

Abréviations

n.m.	nom masculin	*adv.*	adverbe
n.f.	nom féminin	*prép.*	préposition
n.m.pl.	nom masculin pluriel	*v.*	verbe
n.f.pl.	nom féminin pluriel	*exp.*	expression
adj.	adjectif		

A

une **affiche** *n.f.* poster

une **agence de voyages** *n.f.* travel agency

un, une **agent, agente de voyages** *n.m.,f.* travel agent

aller-retour : un billet aller-retour return ticket

aller-simple : un billet aller-simple one-way ticket

s'amuser *v.* to have fun

un **appel** *n.m.* greeting on a letter or postcard

l' **arrivée** *n.f.* arrival

l' **artisanat** *n.m.* arts and crafts

attendre *v.* to wait for

un **autocar** *n.m.* bus; **voyager en autocar** to travel by bus

un **avion** *n.m.* airplane; **voyager en avion** to travel by airplane

B

un **billet** *n.m.* ticket; **un billet de voyage** *expr.* travel ticket

C

ça m'est égal! *expr.* I don't care!

un **canot** *n.m.* canoe

une **carte** *n.f.* map; **une carte postale** postcard

un **castor** *n.m.* beaver

une **centaine** *n.f.* one hundred

un **centre commercial** *n.m.* shopping mall

les **chutes** *n.f.pl.* (water) falls

coin : au coin de *expr.* at the corner of

se costumer en *v.* to dress up as

D

d'accord *expr.* OK

découvrir *v.* to discover

le **départ** *n.m.* departure

un, une **descendant, descendante** *n.m.,f.* descendant

un, une **destinataire** *n.m.,f.* addressee, person to whom mail is addressed

droit *adv.* straight

droite : à droite *expr.* to the right

dur, dure *adj.* harsh, hard

E

eaux vives : le rafting en eaux vives *expr.* white-water rafting

échanger contre *v.* to exchange, trade for

un **édifice** *n.m.* building

s'énerver *v.* to annoy, irritate; **tu m'énerves!** you are irritating me!

l' **équitation** *n.f.* horseback riding; **faire de l'équitation** to go horseback riding

l' **été** *n.m.* summer

étrange *adj.* strange, bizarre

F

fatigant, fatigante *adj.* tiring

une **fête** *n.f.* festival, celebration

une **forteresse** *n.f.* fort

fou (fol), folle *adj.* crazy

une **fourrure** *n.f.* fur

G

gauche : à gauche *expr.* to the left

la **glissade** *n.f.* slide; **glissade nautique** water-slide

gratuit *adj.* free, at no cost

H

un, une **habitant, habitante** *n.m.,f.* resident, inhabitant, one of the original colonists of New France

l' **héritage** *n.m.* heritage

un **horaire** *n.m.* schedule

I

il faut *expr.* it is necessary, we must

un **itinéraire** *n.m.* itinerary

J

joli, jolie *adj.* pretty

jouer des cuillères *expr.* to play music with spoons

un **jouet** *n.m.* toy

L

lèche-vitrines : faire du lèche-vitrines *expr.* to go window-shopping

lentement *adv.* slowly

P

un **parc** *n.m.* park; **parc d'attractions** amusement park

partir *v.* to leave; **partons!** let's leave!

le **pemmican** *n.m.* dried meat eaten by the voyageurs

pépère *n.m.* grandpa

perdu, perdue *adj.* lost

une **pièce de théâtre** *n.f.* play

la **pierre** *n.f.* stone

un **poste de traite** *n.m.* trading post

les **préparatifs** *n.m.pl.* preparations

Q

un **quartier** *n.m.* quarter, district

R

raconter *v.* to tell, narrate

rencontrer *v.* to meet

répéter *v.* to repeat

rien : de rien *expr.* don't mention it, you're welcome

une **route** *n.f.* road, route, way

S

une **salutation** *n.f.* closing formula at the end of a letter or postcard

seul, seule *adj.* alone

une **soirée** *n.f.* evening, party

un **soldat** *n.m.* soldier

T

un **téléférique** *n.m.* cable car

tôt *adv.* early

V

les **vêtements** *n.m.pl.* clothing

vieux (vieil), vieille *adj.* old

un **voyage** *n.m.* trip

voyager *v.* to travel

un **voyageur** *n.m.* French-Canadian fur trader who travelled by canoe